ममता कालिया

पचास कविताएँ

नयी सदी के लिए चयन

वाणी प्रकाशन

वाणी प्रकाशन

'लोगो' वाणी प्रकाशन : मक़बूल फ़िदा हुसेन

वाणी प्रकाशन, 4695, 21-ए, दरियागंज, नयी दिल्ली-110002

वाणी प्रकाशन, अशोक राजपथ (पटना कॉलेज के सामने), पटना (बिहार)

PACHAS KAVITAYEN

NAI SADI KE LIYE CHAYAN

by Mamta Kalia

Poetry

ISBN : 978-93-5072-226-8

प्रथम संस्करण 2012

मूल्य : 65/-

वाणी प्रकाशन

फोन : **0091#11#23273167,** फोन व फैक्स **23275710**

वेबसाइट : **www.vaniprakashan.in**

ई-मेल : **vaniprakashan@gmail.com**

ओम ऑफ़सेट द्वारा दिल्ली-110093 में मुद्रित

क्रम

उम्मीद

जैसे फावड़ा कुदाल लेकर निकलता
है किसान खेतों की तरफ
जैसे आरी बसूला झोले में डाल
चल देता बढ़ई काम की तलाश में
वैसे ही पौ फटते, उठता है लेखक,
हाथ में कलम थाम,
कागजों की गड्डी पर झुक जाता है।
कई बार बिजली नहीं होती
उसे चलाना पड़ता है
मोमबत्ती से काम।

जैसे वह टपकाता है बूँद भर मोम
कि चिपक जाय मोमबत्ती सही जगह
और देती रहे जरा सी रोशनी।
वैसे ही वह टपकाता है आँख में
एक बूँद दवा
कि चलता रहे काम, दिखते रहें शब्द।

मोतियाबिन्द के ऑपरेशन में
सत्रह हजार का खर्च

कुछ दिन मुल्तवी रहे।
उसे यह भी पक्का नहीं पता
कि जो वह रंग रहा है पृष्ठ पर पृष्ठ
उनका कोई नामलेवा भी होगा।
बचे रहेंगे या बह जाएँगे
काल के थपेड़ों में ये शब्द।

फिर भी कोई स्वप्न है
जो उसे छोड़ता नहीं, तोड़ता नहीं
जिलाये रखता है उम्मीद।
वह ताज्जुब में है, बाप रे बाप!
इस पाँच रुपये के कलम में
भरे हैं कितने हजार शब्द।

पहेली

पहेली मुश्किल नहीं थी
मुश्किल थी उसके खानों में पड़ी गिनती।
दिखती ही नहीं थी कमरे में।
मैंने खिड़की खोली
कि, लो!
पूरब दिशा से सूरज के टेबिल लैम्प ने
मेरे अखबार पर रोशनी की कौंध डाल दी।
जगमगा उठी पहेली
दमकने लगे अंक।
खट खट, पाँच मिनट में पार लग गयी पहेली।
यह जो मैं युगों-युगों से हल करती आयी हूँ
टाइम्स की क्रॉसवर्ड
जीवन की पहेलियाँ बुझाने में इसने कितनी मदद की है?
कितने सवालों का जवाब दे पायी है पहेली?
सच यह है
कि
सभी सवालों से पलायन है कुछ देर के लिए,
पहेली!

चिड़ियों का पेड़

नीम के पेड़ पर गा रही हैं चिड़ियाँ
जिनमें से
सिर्फ कोयल की बोली जानी पहचानी है।
इतने कड़वे पेड़ पर बैठ
इतना मीठा गाना
कैसे गा लेती है कोयल!
सारी चिड़ियाँ
चह चह चह चह, सिर्फ टी वी टुट्‌ टुट्‌ नहीं,
संगीत समारोह मना रही हैं।
लगता है
जैसे यह नीम का नहीं
चिड़ियों का पेड़ है।

एक याद

तुमसे मिले बिना
आधी सदी बिता दी
आधा बियाबान काट लिया।
आधे स्टेशन पार हो गये
आधे गीत याद रहे
आधे भूले गये।
आधे अधूरे जीवन क्या ऐसे ही होते हैं?

तुम्हारे बिना

तुमसे मिले बिना, इतनी लम्बी राह चली
सड़क का परला सिरा दिखने लगा।
इस लम्बी अवधि में
जीती रही
ऐसे
जैसे कभी-कभी बिना धूप
फूल खिल लेता है
जैसे कभी कभी
बिना नग, कोई
अँगूठी पहन लेता है।

धुँधलके में

मैं तुम्हारी दृष्टि के
गहन कक्षों में
अचानक खो गयी हूँ;
और इनमें
अर्थ के दीपक नजर आते नहीं हैं।
दृष्टियों के अर्थ कितने गूढ़ होते हैं,
मुझे मालूम है यह।
किन्तु, मेरे सरल मन का शिशु
अभी निर्बोध ही है;
और इसको
इन अँधेरों में बड़ा दुख सालता है।
सुनो तो
दृष्टियों के इन धुँधलकों को
तनिक स्पष्ट कर दो;
और मेरे सरल मन को
संशयों से मुक्त कर दो।

दो मुक्तक

मिलते हैं लोगबाग दुकानदार की तरह
करते हैं बातचीत कारोबार की तरह
क्यों हम सहें किसी की लानत-मलामतें
जब तुम मिले हो हमको घरबार की तरह।

तुम आओ ज़िन्दगी में शनिवार की तरह
रुक जाओ रात भर को रविवार की तरह
मेरे लिए ज़रूरी, अखबार की तरह
तुम और तुम्हारा प्यार पुरस्कार की तरह।

बिकाऊ माल

उसने अपनी नाक
नगरपालिका को दे दी
कान
आकाशवाणी को।
आँख दूरदर्शन की दर्जनों शाखाओं ने खरीद ली
पैर, परिवहन निगम माँग रहा है।
हाथ सिर्फ़ रूमाल हिलाने को रह गये।
पेट
गर्भधारण और गर्भपात के उत्पात झेलता रहा
और दिमाग की आग
चिकनी पढ़ कर, चुपड़ी खाकर
ऐसी ठंडी हुई कि अब क्या चेतेगी कभी!

ततैया बातें

भूल गयीं सब मीठी बातें, मादक रातें
याद रह गयीं तीखी और ततैया बातें
नोक-झोंक तू तू मैं मैं में बदल गयीं सब
भाप बनीं बिन मौसम नयनों की बरसातें।

खाँटी घरेलू

शादी के अगले रोज़ ही
वह शामिल हो गयी जमात में
खाँटी और घरेलू बन कर
फँस गयी बिसात में।
उसी घर और बिस्तर पर
पुरुष ने भी बिताया समय
फिर भी किसी ने उसे नहीं कहा
खाँटी घरेलू मर्द।

अपराजेय

लाल पैन से जाँची होंगी तुमने कॉपियाँ
दिये होंगे नम्बर विद्यार्थियों को
किलस किलस कर।
मैं तुम्हारा स्वभाव जानती हूँ जो।
निकाले होंगे अंक
उँगली दबा दबा कर
जैसे निकालते हो सुबह टूथपेस्ट
मुश्किल से मटर बराबर, टूथब्रश पर।
डाँटते हो बच्चों को
अगर वे ज़रा भी ज्यादा निकाल लें मंजन,
मुझे नहीं कर पाये लेकिन
तुम फेल या पास
नहीं रोक पाये
मेरे प्रश्वास, निश्वास।
सन्देह तो किया जनम भर
दे नहीं पाये मुझे वनवास

वर्कशॉप

मेरे साथ सीढ़ी चढ़िए सँभलकर
इस रोशनी के सहारे
आज मैं आपको अपनी वर्कशॉप लिये चलती हूँ।
जैसे बढ़ई और मैकेनिक की ठीक वैसी मेरी भी है वर्कशॉप।
सीढ़ी खड़खड़ाती है मच्छर भी हैं अन्दर
पर हम अगरबत्ती जला लेंगे।
उस दीवार पर दो जोड़ी माँ-बाप हैं हमारे
देख रहे हैं इन्हें।
मेरे अट्ठाईस-तीस सालों का इतिहास रहा है इन्हीं के पास।
ये दूसरी दीवार पर नेहरू और गाँधी हैं।
इनकी आत्मकथाओं ने गर्मियों की
मेरी तमाम छुट्टियाँ बाँधी हैं।
तब तो ये नागवार लगती थीं, जीने की तमीज़ में
आज खरी चाँदी हैं।
वह लँगड़ी धूल भरी मेज़ पर एक ट्रे पड़ी है।
इस दो बाइ एक के लोहे के टुकड़े में
न जाने कितने जमाने, कितने फसाने समा जाते हैं।
अधूरी कहानियाँ से खचाखच भरी यह ट्रे कई बार तो खिलखिला
    उठती है,

फड़फड़ा कर उड़ा देती है पन्ने।
कई बार झेल जाती है मेरी झूठ और मक्कारी।
वही हर कलमघिस्सू की तरह
सच को इतने लत्ते पहनाना कि वह रहस्य बन जाय
और रहस्य की इतनी कलई उतारना कि वह लगे सच।
ये दो ऊँचे-ऊँचे रैक लगे हैं इस तरफ़
भरे हैं किताबों में ठसाठस।
नहीं सभी किताबें साहित्य नहीं होतीं
थोड़ी वाहित्य भी होती हैं
ये ज्योतिष होम्योपैथी और कॉमर्स की किताबें
मेरे साथी के पुराने प्रेम हैं।
कई शाश्वत ग्रन्थों के खजला फ्रेम हैं।
सच कहूँ तो महान रचनाएँ पढ़ने के बाद
अपना लिखना ठप्प पड़ जाता है,
न लिखने का आनन्द हर दिन लुभाता है।
वे ढेरों बॉलपेन पड़े हैं
किसी की नोक खराब है तो किसी की पलक।
जब से कलम से लिखना बन्द किया है
लिखावट कैसी परायी हो गयी है
न कोई अपना पेच बचा है न ख़म।
न सुलेख की खुशी न विलेख का ग़म।
दीवार के सहारे वे जो छोटे-छोटे ग्लास रखे हैं।
उनमें झाँकिएगा मत।
तली में कॉफी सूख गयी है
कलम की स्याही की तरह
जागते रहने के संक्षिप्त प्रयत्न हैं ये।
जबकि सबसे अच्छे कथानक सूझते हैं रात में
जब हम बिस्तर में लुढ़के होते हैं

रजाई के तले।
सुबह उनकी छवि धुँधली हो जाती है
वर्कशॉप की हर कोशिश कहाँ काम आती है।
अनुभव की अनुभूति बनाने में
एक उम्र तमाम हो जाती है।

बेटा

जब यह पैदा हुआ था
दुबला सा, रोंदू और भोंदू
हम लाये थे खरीद कर बेबी-बुक।
रात-रात भर उसका पारायण किया था।
दूध हर घंटे, दवा प्रतिदिन, नहलाने के ढब और ढंग।
तब यह कोई मौलिकता दिखाता था
तो हम सीधे डॉक्टर के पास भागे जाते थे,
डॉक्टर यह हँसते-हँसते रो पड़ा तो क्यों?
डॉक्टर आज यह बिल्कुल नहीं रोया तो क्यों?
डॉक्टर इसकी आँखों में काजल लगायें?
सोते में दूध का समय हो तो उठायें या न उठायें?
डॉक्टर मोटी फीस लेकर छोटी-छोटी बातें समझाते।
हम उन हिदायतों को रटते जाते।
इसके शैशव के तीन वर्ष हमने बेबी बुक शाला में बिताये।
ये सबक अगली सन्तान के समय काम आये।
आज यह बड़ा होकर हमारे सामने खड़ा है
जीवन-शैली की अनोखी माँगों पर अड़ा है।
असहमत होकर बाज़ार गया है
और वहाँ से खरीद कर लाया है माता-पिता की निर्देश-पुस्तिका।

तीन सौ पैंसठ पन्नों की इस पुस्तक में
कैलेंडर का हर दिन एक सबक सिखाता है
जैसे अच्छे माँ-बाप बच्चों से उलझते नहीं हैं।
अच्छे माँ-बाप आपस में झगड़ते नहीं हैं।
अच्छे माँ-बाप बेवजह डाँटते नहीं हैं
अच्छे माँ-बाप सुबह-शाम काँखते नहीं हैं।
अच्छे माँ-बाप बच्चों के कमरों में
वक्त-बेवक्त झाँकते नहीं हैं। बच्चों की साल गिरह पर
—अच्छे माँ-बाप उन्हें उपहार देते हैं।
—उनके कैसे भी दोस्त घर आयें
—अच्छे माँ-बाप उन्हें सद्व्यवहार देते हैं।
—अच्छे माँ-बाप प्लीज, सारी और थैंक्यू की जुबान जानते हैं
—अच्छे माँ-बाप बच्चों की पसन्द को सर्वोपरि मानते हैं।
—आचार संहिता विस्तृत और व्यापक है।
—इसका एक-एक पृष्ठ चीख रहा है
—माँ-बाप की भूमिका में आप निरे अहमक हैं।

अव्यवस्था

देखो–
मेरे मन के ड्रॉअर में
तुमारी स्मृति के पृष्ठ,
कुछ बिखर से गये हैं!
समय के हाथों से
कुछ छितर से गये हैं!
आओ–
तनिक इन्हें सँवार दो,
तनकि सा दुलार दो,
और फिर जतन से सहेज कर–
अपने विश्वास के आलपिन में बद्ध कर,
प्यार के पेपरवेट से
तनिक सा दबा दो!

सुख

इस सारे सुख को
नाम नहीं देंगे हम,
छोर से छोर तक
माप कर
यह नहीं कहेंगे हम
'इतना है, हमसे!'
सिर्फ़ यह अहसास
हमारे अकेलेपन
कच्ची दीवारों से
ढहाता जाएगा,
और हम
अपनी बनायी जेलों से
बाहर आ जाएँगे।

अपरिचित से प्रेम

सबसे पहले तो बताओ
अपना नाम
फिर मोहल्ला
कहाँ रहते हो
क्या करते हो
रोज सवेरे इकतीस नम्बर की बस से
कहाँ जाते हो?
और
अक्सर, चाय की उस रद्दी सी दुकान पर
क्यों खड़े रहते हो।
तुम्हारे बारे में बहुत कुछ जानने की इच्छा है
तुम्हें शहर की
कौन सी सड़कें पसन्द हैं?
क्या वे जो अक्सर वीरान रहती हैं
या वे
जहाँ भीड़ भाड़ रहती है।
तुम कौन सा अखबार पढ़ते हो?
कौन सी पत्रिकाएँ?

खाली समय में क्या पसन्द करते हो
सोना
उदास रहना
या ठहाके लगाना।
तुम कौन सी सिगरेट पीते हो
किस साबुन से नहाते हो?
अपने बाल इतने अस्त-व्यस्त और रूखे
जानबूझ कर रखते हो या तुमसे सँभलते नहीं!
तुम्हें कौन सा नेता पसन्द है
और कौन सा अभिनेता?
अभिनेत्रियों के बारे में तुम्हारी क्या राय है?
बोर दूरदर्शन से बचने का
तुम्हारे पास क्या उपाय है!
प्रेमचन्द के अलावा कौन रचनाकार
तुम्हें अच्छा लगता है?
क्या तुम्हें ऐसा नहीं लगता
समकालीन लेखन में बेहद एकरसता है?
इसके अलावा तुम्हारे बारे में
कितना कुछ जानना चाहती हूँ।
अभी तुम मेरे लिए
मात्र जिज्ञासा हो, आकंठ जिज्ञासा।
फिर तुम
आश्चर्य में बदल जाओगे।
सातवाँ, आठवाँ या दसवाँ नहीं
मेरे लिए मेरा पहला पावन आश्चर्य।
न जाने क्यों मुझे लगता है
तुम्हारी और मेरी रुचियाँ
जरूर मिलती होंगी।

तुम्हें भी आपसी ताल्लुक में
बहुत जल्द खरोंच लगती होगी।
तुम्हें भी छोटी छोटी बातें
बेवजह खुशी देती होंगी
और उससे भी छोटी छोटी बातों
पर तुम तुनक जाते होंगे।
तुम भी अकेले में
अपने आप से खूब बोलते होंगे
लेकिन भीड़-भाड़ में
बाहर का रास्ता टटोलते होंगे।
पता नहीं क्यों मुझे लगता है
तुम मेरे अनुमानों से भी ज़्यादा अच्छे हो।

दूर खड़ी मैं

हो गयी सबसे छिटककर
साँस लेने योग्य जब
नफ़रतों ने बिलबिला कर यह कहा,
छूट कर सबसे निकलना
था ही सरल।
किया क्या तुमने
फेंक दी दिन एक
सुलगती तीली
बीचोबीच
चीड़ के जंगल!

कोलकाता में बारिश

हर पेड़ पर अलग आवाज़ में बोल उठी बारिश।
हर पेड़ को अलग हरियाली दी,
अलग यौवन, अलग सुगन्ध!
आम लगें न लगें, आम-पत्तों को ही
बारिश ने पगा दिया।
बाड़ी-फुलवारी का वैराग भगा दिया।
फूल के मूल में पड़ा हुआ जलकण
इतराता है, सान्निध्य के सुख में महकता हुआ
सारा ऋतुचक्र बहकता हुआ।
सावन सूखा गया, भाद्रपद रहा धधकता
आश्विन का आकाश घिरा, घिर घिर कर बरसा।
ऐसा बरसा सबका मन सूखे को तरसा।
दृष्टि पड़ी पर टापुर टापुर नहीं, नदी सागर उफनाती
दूभर हुआ गणेश-विसर्जन और जगराती।
छाते और बरसाती के शरणागत बनते
कन्धों पर चढ़ भक्तों के, भगवान भटकते।

जीवन बीता चम्मच चम्मच

पढ़ा लिखा कुछ काम न आया
जीवन बीता चम्मच चम्मच
सोच विचार विमर्श त्याग कर
जीवन रीता चम्मच चम्मच

बालम ने बहकाया हमको
चूल्हे ने दहकाया हमको
निभी नौकरी लश्टम पश्टम
समय सारिणी भारी भरकम
खड़ी कतारें कर्तव्यों की
सुख और हक़ के लट्टू मद्धम
कब हम जीते कब हम हारे
कौन हिसाब रखे सरपंचम

अब हमने सिर तान लिया है
मन में निश्चय ठान लिया है
अपनी मर्ज़ी आप जियेंगे
जीवन की रसधार पियेंगे
कलश उठाकर, ओक लगाकर
नहीं चाहिए हमें कृपाएँ
करछुल करछुल चम्मच चम्मच।

हे नौकरशाह

आप कितनी भाषाएँ जानते हैं जनाब
और बोलियाँ, उपबोलियाँ!
आपके जनसम्पर्क अधिकारी कितने हैं?
तैंतीस या तैंतीस करोड़!
हम जिस भी जुबान में अपनी माँगें रखें
आप पूरी करते हैं
मगर दस प्रतिशत।
बाकी नब्बे प्रतिशत माँगों का क्या करते हैं जनाब?
क्या रास्ते में
आपके जनसम्पर्क अधिकारी
इधर उधर कर देते हैं अर्जियाँ।
बड़ी मुश्किल है हमारी
पीछा करती रहती है बेकारी
न नौकरी मिलती है
न लॉटरी खुलती है।
साल दर साल ज़िन्दगी पुरानी डायरी हुई जा रही है।
लगता है आपके यहाँ अभी
आरक्षण लागू नहीं हुआ है।
आपके दरबार में

अर्जियों का अम्बार लगा पड़ा है।
मंगल और शनि को आपके दफ्तर में
इतनी भीड़ होती है
कि
जूतेचोर और जेबकतरों को रोज़गार मिला हुआ है।
पुजारी का चेहरा खिला हुआ है
हलवाई भी प्रसन्न हैं
हम लेकिन अवसन्न हैं।
हमें लगने लगा है
कि आप हमारे खैरख्वाह हों न हों
फर्स्ट क्लास नौकरशाह तो ज़रूर हैं।

कहानी

दाल भात रोटी की दुनिया में
मूसरचंद की तरह निकलेगी कहानी
कुछ आपबीती कुछ जगबीती
तीती, कड़वी बानी।
वह लोगों को रिझाएगी नहीं
परिभाषित करेगी परेशानी।
जटिल होते जीवन की
करेगी निगहबानी।
उसमें सत्तो होगी, मिसेज सिन्हा नहीं
उसके पाँव की बिवाई होगी,
उनकी लुनाई नहीं।
वह मन्दिर-मस्जिद के आगे की गाथा ढूँढ़ लाएगी।
अखबार की सपाट खबरों को
थोड़ा धूप-ताप दिखलाएगी।
वह पुरस्कार के लिए नहीं करेगी भाग-दौड़
स्वीकार और तिरस्कार के बीच करती रहेगी होड़,
विश्वकथा के कैनवस पर नहीं होगा उसका सामूहिक पाठ।
वह अपनी सरहदों पर करवट लेगी चुपचाप।
उसे अभी बहुत कुछ तोड़ना-बनाना है,
एक शिथिल शताब्दी को आखिरकार जगाना है।

हाल-ए-दिल

जब बात चली दिल की, इक ज़िक्र तुम्हारा भी
घायल से फ़साने में एक फिक्र तुम्हारा भी।
कल रात जो हम जागे बेहद था अँधेरा
बाहर का भी, अन्दर का भी एहसास घनेरा
पानी भी सिरहाने था, यादें भी सिरहाने
नींद आने के ये दो कमज़ोर बहाने।
हम रात बहुत रोये, रो रो के जो सोये।
दिन चढ़ के उतर आया
हम सोये के हैं सोये।

ज़िन्दगी

पत्नी
हर बार ताज़ी ही लगे,
दोस्त हमेशा
दोस्त ही रहे,
अफसर हमेशा
बुद्धू ही मिले
ज़िन्दगी कितनी सरल हो!

बहाना

आज खुश हूँ
खुद से,
तुमसे,
सबसे,
लिख नहीं पाऊँगी सच!

गति

बेवजह बेवक्त इतना शोर, इतनी भीड़ इतनी गति,
गोल पत्थर से लुढ़कते सब
रुकेंगे कब, कब, कब!

दिल्ली

अच्छा है दिल्ली में समुद्र नहीं है
इस शहर में
समुद्र, सच सूख सकता था।

प्यार

उस दिन तुम्हें मैंने
देखा नहीं,
महसूस किया महज़
अपने में घिरे
कितने अकेले तुम
अपने मनोरंजन को
खुद ही जुटते रहे
बार-बार पीते रहे चाय
घड़ी को घंटा भर पीछे कर लिया,
गुज़रती बारात में हो गये शरीक,
कहते रहे बार बार
इतना वक़्त ज़ाया गया
ठीक नहीं है यह!

जड़ता का आनन्द

एक समय मैं लड़ लेती थी
गुत्थम गुत्था भिड़ लेती थी
कैसी भी हो जटिल समस्या
मधुमक्खी सी छिड़ लेती थी।
मुश्किल भी दो चार नहीं, दस बीस नहीं
धारावाहिक आती थीं
जाते जाते देर लगातीं
छाप छोड़ जाती थीं।
जीवन और जंजालों की बस ठनी हुई थी।
प्रतियोगी संघर्ष प्रयासों के अन्तर्गत
मेरी प्रतिभा प्रत्यंचा सी तनी हुई थी।
कितने साल रहा यह हाल।
समय-शिलाएँ सरकीं अब प्राचीन हुए प्रश्नों के गढ़
मैंने भी गठरी बाँधी बाधाओं की
और दे पटकी पड़छत्ती पर
ऊबड़ खूबड़ राह छोड़ मैंने ढूँढ़ी
सड़कें समतल।
बाहर से आ अन्दर देखा
घर में बिस्तर नरम गरम था सुखदायी
जड़ता का आनन्द देख
मैं अलसायी।

बेकाबू है समय

पत्रिका का अध्यक्ष शुद्धतावादी था।
शुद्ध दूध, शुद्ध घी, शुद्ध मसाले के संग
शुद्ध साहित्य का समर्थक।
कहानियों में आये प्रेम प्रसंग उसे तिलमिला देते।
वह सम्पादक की नाक के पास उँगली नचाते हुए कहता
'नहीं नहीं सम्पादकजी यह बिल्कुल नहीं चलेगा।
शब्दों में इतनी बेपर्दगी
रिश्तों में मुसीबत ढाती है
लेखकों को लिखते शर्म नहीं आती
मुझे पढ़ते आ जाती है।
अपने बीवी-बच्चों से पत्रिका छुपानी पड़ जाती है।'
सभी सदस्य शोर मचाते
'कहानियाँ बदमाश हैं।'
सम्पादक को लगता वह पूछे
क्या आपके बच्चे राखियाँ बाँधने से पैदा हो गये
या
आपकी पत्नी को भस्मी चटायी गयी।
वह चुप रहता
चुप्पी में ही चातुर्य और सातत्य था।

उसकी इच्छा होती वह गरज कर कहे
'कहानियाँ वर्तमान का दर्पण हैं
समय बेलगाम है।
कहानियों की वल्गा कहाँ से थामूँ?'
प्रकट वह कहता
'मुझे एक झाड़ू और झाड़न दिलाया जाय
मैं हर कहानी से चुम्बन और आलिंगन,
स्पर्श और विमर्श
बुहार, फटकार कर कहानी को निरापद बना दूँ।
लेकिन आप लोग
ज़रा होठों की कोरों से लार तो पोंछ लीजिए।'

सहेलियाँ

समय हमारे बीच लक्ष्मण झूले की तरह झूल रहा था।
हम बहुत वर्षों बाद मिले
इस बीच उसकी कई किताबें आयीं,
मेरी भी।
वह पढ़ाई के बाद अमेरिका चली गयी
लेकिन अपनी ज़मीन से जुड़ी कहानियाँ लिखती रही।
वह फिर फिर लौटती दिल्ली, कभी घर के लिए
कभी घरवालों की खातिर।
मैं ही कहाँ बैठी रही दिल्ली में
वक्त की मारामारी में जाने अनजाने शहरों में
डेरा जमाया, डेरा उखाड़ा।
आधी सदी में अभी एक दहाई बाकी थी
कि हम मिले
कुछ ऐसे जैसे कभी अलग हुए ही नहीं।
किताबों और कार्ड की अदलाबदली के बाद
चाय के प्याले से उठती भाप के साथ
हम कितनी दूर निकल गये सन् 1965 में
जब दौलतराम कॉलेज, प्रमिला कॉलेज हुआ करता था।
जब सेंट स्टीफेन्ज़ में लड़कियों को पढ़ने की इजाज़त नहीं थी।

जब लायब्रेरी में बैठना हमारी परस्पर स्पर्धा थी।
जब एक रूमाल भी खरीदना हो
तो हम शंकर मार्केट का चक्कर काट आते थे।
जब कनॉट प्लेस इतना वन-वे नहीं हुआ करता था।
हम कहीं से भी गोल काट कर कॉफी हाउस चले जाते।
1965 की दिल्ली का भूगोल हमारी मुट्ठी में था।
नौ नम्बर की बस हमें कहीं भी छोड़ आती।
तमाम मटरगश्ती के बाद
हम रीगल मोड़ की लाल बत्ती पर अटकी हुई बस में,
लपक कर चढ़ जाते
उसे आई. पी. उतरना होता, मुझे शक्ति नगर।
बीच के वक्त ने कुछ सितम हम दोनों पर किये।
दोनों के बाल पहले से ज्यादा काले, घने और चमकीले हो गये।
दोनों की त्वचा निखरी हुई थी,
दोनों हिन्दी में लिखती थीं पर अंग्रेजी बोल रही थीं।
दोनों बार बार घड़ी देख रही थीं,
दोनों ने अपने मोबाइल मुट्ठी में दबाये हुए थे।
दोनों के पास बताने के लिए जीत ही जीत थी।
दोनों के मेकअप में एक परत मनहूसियत की थी
दोनों जीवन के खेल में पारंगत थीं।
मैं उसे बताना चाहती थी दिल्ली की उन गलियों के बारे में
जो बिल्कुल नहीं बदलीं
उससे पहले उसने कहा, 'दिल्ली कितनी बदल गयी है।'

मत कहो

मत कहो उसे एक औरत
धोबिन कहो या महरी या महराजिन
या धाय
रोटी खा सकने को जिसके पास
नहीं है कोई आय, उपाय।
मत कहो उसे एक आदमी
चटोर, औरतखोर
जंगली दोपाया
जिसे उसकी जरूरतों ने
कभी कभी पालतू बनाया।

तेजाब

मन में बहुत कुछ टूट चुका है
चटाख, चटाख।
सुबह उठते ही खौलने लगता है दिमाग़
अँगीठी से पहले
चेत जाती है यह आग।
पेट की अंतड़ियाँ और शिराएँ
पी चुकी हैं काफी तेजाब।
जगह जगह से उधड़ गये हैं बखिये,
नज़र आ रहे हैं घाव।

सिर्फ शरीर

जबकि इतना कुछ माँग सकता था वह उससे
हँसी,
इरादे,
खुशियाँ
और
कार्यक्रम
उसने माँगा सिर्फ शरीर
और सन्तुष्ट सो गया।
जबकि इतना कुछ माँग सकती थी वह उससे
बातें,
विचार,
विमर्श,
किस्से और कहकहे
उसने माँगा सिर्फ शरीर
और सन्तुष्ट सो गयी।
उठने के बाद वे दोनों
उतने ही अकेले थे
जितने दो अन्धे लैम्पपोस्ट।

एक बयान

जब उसे उठानी थी कटार
उसने उठा ली कलम
यह ज़रूर है कि स्याही की जगह
उसमें तेजाब भरा था,
लेकिन समय ने
हर शब्द का मन्तव्य हरा था।
उसका सारा गुस्सा
चंद घंटों में चुक गया
चिराग़ के तेल की तरह
वह अपने कमरे में पड़ा रह गया
फूटे खाली देग की तरह
कलम से क्रान्ति लाना
खेल नहीं है पार्टनर

वह बात चुभी

चाकू चुभा कच्च से
मुँह से उई निकली
चूस ली उँगली
बन्द हुआ खून।
बाहर गयी
पैर मुड़ा
मोच आयी।
पहले लगाया तेल
फिर की मालिश,
फिर भी चिलकता रहा दर्द कई रोज़।
कमर झुकती रही, तनती रही,
स्प्रिंग सी लचकती रही
रात तक तख्ता हुई।
नहीं किया खास उपचार
आज़मा लिये घरेलू नुस्खे दो चार।
मुखिया ने आज शाम
निकाली मुँह से ऐसी बात
जिसका था सबसे गहरा आघात।
कहते हुए उसके चेहरे पर न खलिश थी न खलबली

खौलते कड़ाह में मैं ही गिरी और बली।
धँस गयी, कील सी करील की।
पड़ गयी कपोल पर नील सी
मुखिया की वह बात
कैसे निकालूँ कलेजे से
कोई चीर फाड़ भी नहीं है ऐसे तीर की।

शल्यक्रिया

मोह की यह फाँस
अक्सर बहुत जाती आँस
एक झटके में निकाली फेंक
हो गयी मैं अब
पुनः आजाद

गुस्सा

उसने हैरानी से मुझे देखा
'मैं तो मज़ाक कर रहा था
तुम इतनी नाराज़ क्यों हो गयीं?'
मैं उसे कैसे बताती
यह गुस्सा आज और अभी का नहीं
इसमें बहुत सा पुराना गुस्सा भी शामिल है
एक सन तिरासी का एक तिरानवे का
एक दो हज़ार दो का
और एक यह आज का

एक ठण्डा सच

सर्द हैं, फिर भी नहीं
मुर्दे कहाएँगे,
गर्म रहने पर
कहा
किसने हमें इनसान!

जॉन डन की तर्ज़ पर

जब तक हमने नहीं किया था प्यार
किया था क्या, ताज्जुब है!
क्या चुकते रहे अकारण
अर्थहीन आकर्षण को सर्वस्व मानते।
या रहे ऊँघते काली स्याह गुफाओं में?
था ऐसा ही!
पर अब जो है,
सब खुशियों की स्वप्नाकृति है
जो चाहा, पाया,
मनचीता सौन्दर्य बिम्ब,
वह सिर्फ़ तुम्हारा सपना था!
नमस्कार अपनी जागी आत्माओं को
जो
बिना किसी भय देख रही हैं अपने को।
क्योंकि प्यार हर अन्य प्यार को
करता है अनुशासित
और एक नन्हा प्रकोष्ठ बन जाता है
सारा कुछ।
जाएँ नाविक, नये देश-देशान्तर खोजें!

नहीं चाहिए नक्शे जो दुनिया ने ढूँढे।
महज एक संसार चाहिए हमें,
सभी के पास एक है और एक हैं वे!
मेरा अक्सर तुम्हारी, और तुम्हारा
मेरी आँखों में तिरता है,
चेहरे पर सीधे सच्चे मन
लिख आते हैं।
इससे अच्छे दो गोलार्द्ध
कहाँ मिलते हैं
बिना उत्तरी कोण,
दक्खिनी ढाल जताते!
इससे सुन्दर
और कभी दो रंग नहीं घुल पाये होंगे
जैसे अपनी दो इकाइयाँ एक हुई हैं
और
हमारा प्यार एक-सा उत्कट है,
बिन थके-चुके।

कोलकाता के बादल

अरे भई बादल
कोलकाता के पागल बादल
नवम्बर में क्यों बरस रहे हो
तुम्हें नहीं पता
कल छब्बीस कलाकारों की आना है
स्टेशन से यहाँ तक
कल ममता बनर्जी को रैली है दिन भर।
सड़कों पर पानी भरा है
रैली में रेला कैसे भरेगा।
ठंडा पड़ जाएगा ममता का गुस्सा और ठस्सा
मैंने देखा है
अपने इलाहाबाद में
भीषण भड़के दंगे बारिश की मार से
ठंडे पड़ जाते थे।
सारे बम सीले पटाखे बन जाते'
चाकुओं की धार कुंद पड़ जाती।
बारिश में चौराहे पर तैनात सिपाही
आराम की मुद्रा में आ जाते।

देखना है अगर तुम नहीं माने
कल कोलकाता का तापमान क्या होगा।
कोलकाता के अभिनव संगीत
'धुन धुन धुन्नक धुन्न' कैसे बजेगा!
सुबह सुबह खिड़की के नीचे से धुनिया
एक साथ निकलते हैं
एक लय से अपने करघे का तार बजाते हुए
जैसे निकलते थे भक्त
देवास में अभंग गाते हुए
कुमार गन्धर्व की गली से।
कल कौवे कैसे काँव काँव करेंगे
चाय के चौराहे पर
चूहे कैसे दौड़ेंगे
मैदे और बेसन के बोरों के बीच
चनाजोर गरमवाले, फेरीवाले
कैसे बेचेंगे अपना माल?
यह कोई समय है बरसने का?
कला, साहित्य, संस्कृति सब तुम्हारे
छाते में आने को प्रस्तुत हैं।
कुछ सोचो
यह क्या कि बस सारी पुरानी छतरियों को धता बताते
बरसे तो बरसते चले गये?

बार-बार प्यार

पहले हथेलियों ने आपस में बात की,
फिर बाँहों ने।
दोनों के बीच लहू एक सा सनसनाया।
फिर तो समूची देह अपने रोम रोम से बोल उठी।
बिस्तर
एक कागज़ बन गया
बदन
एक लिपि
जिसमें कोई अपनी अद्‌भुत लिखावट से लिखे जा रहा था,
प्यार प्यार प्यार प्यार प्यार
बार बार बार बार बार

सीमाएँ

यह सच है
मैंने जीवन एक सरल रेखा में जिया
सरोकारों का आयतन
सिर्फ़ अपनों तक किया
इस घर में हर समय
सम्बन्धी आते रहे
शरण पाते रहे।
जाते समय दे जाते रहे
बहुमूल्य सलाह
जिनसे जीवन बने सरल, सरस और पति-सुखाय।
तुमने भी मुझसे चाहा
सिर्फ़ समर्पण
मैं बन बैठी
सबकी इच्छाओं का दर्पण
भूल गयी अब तक के सीखे पाठ पुराने
गा न सकी मैं आजादी के नये तराने।

कोलकाता में जीवन

मौसम जेठ का हो या सावन का
शहर में सुबह का वक्त है मॉर्निंग वॉक, मालिश और पॉलिश का।
कैसे कैसे घूमते हैं यहाँ के लोग।
कोई तीस मिनट घड़ी देख कर
तो कोई गर्दन और छाती का पसीना एक कर
एक आदमी, कानों में बाबा की हिदायतें ठूँस कर चल रहा है
दूसरा हवा में हाथ फेंकते हुए हँस रहा है।
सुबह के वक्त यह सैरगाह पागलों की पनाह लगती है।
जबकि शेष महानगरी धीमे-धीमे जगती है।
सड़कें गंगाजल से अभी धोयी जा रही हैं।
कारें हर जगह फुर्ती से पोंछी जा रही हैं।
इनमें बैठने वाले अभी नींद के नर्म अँधेरों में हैं।
ज़रा पहले जाग कर उनकी पत्नियाँ नारियल पानी से
दिन शुरू करती हैं।
नौ बजे आ जाती है मालिशवाली
मालकिन प्रसन्न हो जाती है, 'आज तब तक रगड़ो
जब तक पसीना न छूट जाय।' वह कहती है।
पसीना छूटता है मगर मालिशवाली का
उसकी देह दमकने लगती है मेहनत के ताप से।

मालकिन खिन्न है
उसे न नींद आती है न पसीना
कैसे कटेगा जुलाई का महीना
ओह याद आया
आज बरखा बहार मनायी जायगी शाम को
कला-कुंज के तलघर में
सभी स्त्रियाँ मेहँदी रचाकर
थुलथुल नाचेंगी।
उसे भी अपना लहँगा तैयार करना है
और ओढ़नी लहरियादार
पहन लेगी आज आठ हीरों वाला चन्द्रहार।
पर क्या करे अपनी आँखों का
कैसी बेजान और रूखी रहती हैं ये।
न खुशी से चमकतीं न बरसती हैं दुख पर।
उसी के रास रंग पर
एक रूखी टिप्पणी जड़ देती हैं आँखें।

कोलकाता में पेड़

अलग अलग भाषा में बोलती है हवा
पेड़ों में घुस कर।
पीपल में हहर हहर करती है
नीम में घू घू
चीड़ों में सन सन करती है यह
साल में सायँ सायँ।
कोलकाता में पेड़ हैं, पंछी भी,
पर पंछियों में कौवा सब पर भारी है।
ऐसी कर्कश काँव काँव मचाता है
कि बाकी पंछी गूँगे हो जायँ।
उसकी इकलौती आँख में
आदिकाल की अनादि धूर्तता और
महानगर की मौलिक मक्कारी है।
यहाँ कोई झूला नहीं डालता आम के पेड़ पर
न बच्चे निशाना साध कर
इमली गिराते हैं।
शनिवार हो या सोमवार
कोई दिया नहीं रखता पेड़ के तले।
इसके चारों ओर धागा भी बँधा नहीं दिखता कभी।
कहाँ गयीं इस शहर की मनौतियाँ
नहीं बची यहाँ क्या कोई भी प्रार्थना!

अपोलो

आज अस्पताल में
किसी का न मरना
एक घटना।
नहीं तो गणित यह है
कि जितने मरीज़ यहाँ रोज़ दाखिल होते हैं
उनसे आधे यहाँ से छुट्टी पा जाते हैं
और उनसे भी आधे
घर न जाकर
घाट पहुँच जाते हैं।

तीसरे पेग के बाद

हमने जहाँ समझा प्रेम
वहाँ निकला धुआँ
एक अन्धा कुआँ।

तीसरे पेग के बाद निकले तनाव
और तिलमिलाहटें।
शिकवे, शिकायतें।
मैंने उसकी तरफ़ हैरानी से देखा।
इतने साल, कैसे रहा वह मेरे साथ।
उसके सपनों में थीं कई सुन्दरियाँ
हो तो चुकी होंगी वे भी बूढ़ियाँ
उसे उन स्मृतियों से प्यार था।
वर्तमान
उसे नागवार था।
दारू के सहारे वह जीवन को झेलता
जैसे यथार्थ से खेलता।
खुलता वह कभी कभी
वरना
बन्द रखता अपने कपाट।

उसके तीन मोबाइल
उसका राजपाट।
इतने साल
मन मार कर सहा उसने
सदाचार का अत्याचार।
हर बुधवार
वह देखता अखबार में इश्तेहार
घर का सारा कबाड़ बदल डालो
जीवन नवजीवन कर डालो।
गहरी हताशा से देखता वह
बिस्तर के बायीं तरफ़
जैसे बिछी हो वहाँ बर्फ पर बर्फ
क्या करे, कहाँ जाय
सोचता वह निरुपाय
एकपत्नीवाद उसी के जीवन में
लिखा था हाय!

अनमन मन

तीन बीस पर छूटती थी रेल, दिल्ली जाने वाली।
वह रोज़ सोचती
उतारेगी वह अलमारी के ऊपर से अटैची;
भरेगी उसमें अपनी दो चार साड़ियाँ, सलवार सूट;
पर्स में रखेगी अपनी चेकबुक, सन्दूकची में
छुपाये हुए रुपये भी।
निकल पड़ेगी वह नयी राह पर,
प्रवाह पर।
नहीं करनी उसे गुलामी और सलामी
धमकाऊ और मुँह सुजाऊ घरवालों की।
बीस बीस घण्टों की चाकरी
सुबह शाम सोलह निवालों की खातिर।
कहीं क्लर्की कर लेगी या टीचरी
या
लाइब्रेरियन बन जाएगी।
बाकायदा डिप्लोमा है उसके पास।

तीन तीस पर बच्चे लौटते थे स्कूल से,
यहीं से उसकी पराजय शुरू होती

वे तो अपने आप कपड़े भी नहीं बदलते
खाना निकाल कर क्या खायेंगे!
उनका होमवर्क कौन करवायेगा
रात में दूध का गिलास कौन थमायेगा!
घर का मुखिया फोन खनखनाता रहेगा
चूल्हा चौका ठनठनाता रहेगा
बच्चे ज़रा भी बोले तो वह डाँट पिलायेगा।
रो कर सो जायेंगे भूखे,
इन्हें कौन खिलायेगा!
ऐसे ही हर आज का कल होता रहा।
उसका मन बेकल होता रहा।
आज भी याद आ जाती है
तीन बीस से तीन तीस के बीच की
वह तिनतिनाहट और रेल की सीटी।

तुम्हारे बिन

किस कदर मनहूस होंगे दिन
तुम्हारे बिन।
यह घर होगा न होगी इसमें धड़कन
न अखबारों की सरसर
न कप-प्लेटों की खनखन।
कलम कागज़ की हरकत भी कहाँ फिर
न टेलीफोन की दिन रात टनटन।
कि
बच्चे भी सहम कर सो रहेंगे शाम से ही।
किताबें ताक पर रक्खी रहेंगी बाँझ सी ही।
कि
दुनिया भर की गप्पें और किस्से
कहो कैसे पड़ेंगे मेरे हिस्से!

करेगा कौन मुझसे मीठी बातें
कटेंगी कैसे सन्नाटी-सी रातें
यह तय है खुश नहीं तुम, खुश नहीं मैं।
है यह फैसला किसका कहाँ से?
नये साथी में पाओगे लड़कपन

कहाँ पाओगे मेरा-सा सगापन!
करोगे उसकी कच्चाई कपड़छन,
फिर होगा रंगशाला से पलायन।
क्या होगा इससे हासिल तुम बताओ।
बचा थोड़ा समय है, बाज़ आओ।

कल बोलूँगी

आज नहीं मैं कल बोलूँगी
कच्चे चिट्ठे तब खोलूँगी।
मैंने कब चाहा था बँधना
बैलों सा नकेल में नथना,
मेरे पैरों में भी गति थी
भावों में साहस, संगति थी।
मन में चिड़ियाँ चह चह करतीं
हर पतंग के साथ फहरतीं
आँखें ऊँचे सपने तकतीं,
किरणें मेरी बातें करतीं
दुखती पट्टी कल खोलूँगी
आज नहीं मैं कल बोलूँगी।

आज और दाम्पत्य निभा लूँ
आज और घरबार सँभालूँ
आज और कर लो दो बातें
ले लो और दे दो सौगातें।
सारी सीमा कल तोड़ूँगी
आज नहीं मैं कल बोलूँगी।

जितने मन्त्र बोलकर तुमने
मेरा हाथ गहा था
उतने मन्त्र विलोम उचारो
तब होगा अलग्योझा।
कच्ची चोटें तब खोलूँगी
आज नहीं मैं कल बोलूँगी।

थोड़ा-सा प्रगतिशील

खुदाया खुदाया
हमारा मेहरबां
ये कैसा बनाया।
ऊपर से खुशमिजाज़
अन्दर से कटखना,
बाहर समर्पित,
घर में है अनमना।
उसको बराबरी लगती है बहुत बुरी,
बिल्कुल बर्दाश्त नहीं
बातें खरी खरी।
अपने हमदम का
यह कैसा चरित है
थोड़ा-सा प्रगतिशील
ज़्यादा पतित है!

❑❑